Dieses Buch gehört:

_____

_____

DIE SCHÖNSTEN GESCHICHTEN AB 5

DIE SCHÖNSTEN GESCHICHTEN AB 5

Inhalt

Des Kaisers neue Kleider

Vor langer Zeit lebte ein Kaiser, der so ungeheuer viel auf neue Kleider hielt, dass er alles Geld dafür ausgab. Er hatte einen Rock für jede Stunde des Tages. Er kümmerte sich um nichts anderes als um seine Kleider. Eines Tages kamen zwei Betrüger in sein Reich. Sie gaben sich als Weber aus und sagten, sie könnten die schönsten Stoffe weben, die man sich denken könne. Die Kleider aus diesen Stoffen sollten die wunderbare Eigenschaft besitzen, dass sie für jeden Menschen unsichtbar seien, der nicht für sein Amt tauge oder der unverzeihlich dumm sei.

Bald hörte auch der Kaiser die Gerüchte. „Das wären ja prächtige Kleider", sagte der Kaiser zu sich. „Wenn ich solche hätte, könnte ich herausbekommen, welche Männer in meinem Reich zu dem Amt, das sie haben, nicht taugen, ich könnte die Klugen von den Dummen unterscheiden!"

Er lud die beiden Betrüger in den Palast ein und gab ihnen viel Handgeld, damit sie ihre Arbeit beginnen sollten. Sie stellten zwei Webstühle auf, taten, als ob sie arbeiteten, aber sie hatten nicht das Geringste auf dem Webstuhl. Trotzdem verlangten sie die feinste Seide und das prächtigste Gold. Das steckten sie in ihre eigenen Taschen und arbeiteten an den leeren Stühlen bis spät in die Nacht.

Der Kaiser wollte zu gern wissen, wie weit sie mit der Arbeit waren, aber er hatte Angst: Was, wenn er nichts sieht? Hieße das nicht, er sei dumm oder schlecht in seinem Amt? Ich will meinen alten, ehrlichen Minister zu den Webern senden!, dachte der Kaiser, der hat Verstand, und keiner versieht sein Amt besser als er!

Nun ging der alte, gute Minister in den Saal, wo die zwei
Betrüger saßen und an den leeren Webstühlen arbeiteten.
„Gott behüte uns!", dachte der alte Minister und riss die Augen
auf. Ich kann ja nichts erblicken! Aber das sagte er nicht.

Der alte Minister hörte
gut zu, als die beiden
Weber die Farben mit
Namen benannten und das
seltsame Muster erklärten,
damit er dasselbe sagen
könne, wenn er zum
Kaiser zurückkäme.
Und das tat er auch.

Kurz darauf wollte der Kaiser den Stoff selbst sehen, während er noch auf dem Webstuhl war. Mit einer ganzen Schar auserwählter Männer, bei denen auch der alte Minister war, ging er zu den beiden listigen Betrügern in den Webraum. Der Kaiser schaute und schaute, aber zu seinem Entsetzen sah er nichts. „Was?", dachte der Kaiser. „Ich sehe gar nichts! Das ist ja schrecklich! Bin ich dumm? Tauge ich nicht dazu, Kaiser zu sein?"

Das wäre entsetzlich! Also tat er so, als könne er etwas sehen. „Oh, es ist sehr hübsch", sagte er laut. Das ganze Gefolge schaute und schaute, aber es sah auch nichts. Aber niemand wollte es zugeben, und sie riefen wie der Kaiser: „Oh, wie hübsch!"

Und die Minister rieten, der Kaiser sollte die neuen prächtigen Kleider doch zum großen Fest, das kurz bevorstand, zum ersten Mal tragen.

Die ganze Nacht vor dem großen Festtag waren die Betrüger auf den Beinen. Sie taten, als ob sie den Stoff aus dem Webstuhl nähmen, sie schnitten in die Luft mit großen Scheren, sie nähten mit Nähnadeln ohne Stoff. Und die Menschen konnten sehen, dass sie sehr beschäftigt waren, des Kaisers neue Kleider fertig zu stellen.

Am Morgen des Festtages redeten alle in der Stadt über des Kaisers neue Kleider. Die Leute konnten es kaum erwarten, sie mit eigenen Augen zu sehen, und was am wichtigsten war: Sie wollten endlich wissen, welcher Freund oder Nachbar sie sehen konnte und wer nicht. Die Kleider wurden gerade rechtzeitig fertig. Der Kaiser kam zur Anprobe, da hoben die Betrüger die Arme in die Höhe, als ob sie etwas hielten, und sagten: „Die Kleider sind leicht wie Spinnweben. Man sollte glauben, man habe nichts auf dem Körper, aber das ist gerade die Schönheit dabei!"

Der Kaiser legte seine Kleider ab, und die Betrüger taten, als ob sie ihm jedes Stück der neuen Kleider anzogen, die fertig genäht sein sollten, und der Kaiser, der eigentlich ganz nackt war, wendete und drehte sich vor dem Spiegel. „Wie gut sie kleiden, wie herrlich sie sitzen!", sagten alle.

Und dann wendete er sich nochmals zum Spiegel; denn es sollte aussehen, als ob er seine Kleider richtig von allen Seiten betrachtete. „Seht, wie prächtig!", sagte der Kaiser. „Sitzt es nicht gut?" „Ja, prächtig", stimmte der ehrliche alte Minister zu. Der Kaiser wollte niemanden merken lassen, dass er für sein Amt nicht taugen könnte.

Und da er davon überzeugt war, die großartigsten Kleider zu tragen, trat er hocherhobenen Hauptes hinaus zum Volk und schritt an der Spitze des Festzuges durch die Stadt. Die Menschen auf der Straße und in den Fenstern riefen: „Wie sind des Kaisers neue Kleider unvergleichlich! Wie schön sie sitzen!" Keiner wollte es sich anmerken lassen, dass er nichts sah; denn dann hätte er ja nicht für sein Amt getaugt oder wäre sehr dumm gewesen.

Da bahnte sich ein kleiner Junge den Weg durch die Menge, zeigte auf den Kaiser und lachte. „Aber er hat ja gar nichts an!", rief er.

Ein Raunen ging durch die Menge. Plötzlich wussten es alle, das Kind hatte Recht. Der Kaiser wanderte nackt durch die Stadt! „Aber er hat ja gar nichts an!", rief zuletzt jeder. Da wusste der Kaiser, dass das Volk Recht haben könnte, aber er dachte bei sich: Nun muss ich aushalten! Und tat weiter so, als wäre er in seinen Lieblingskleidern unterwegs. War er nicht ein dummer Kaiser?

Hänsel und Gretel

In einem großen Wald wohnte ein armer Holzhacker mit seiner Frau und seinen zwei Kindern; der Junge hieß Hänsel und das Mädchen Gretel. Er liebte seine Kinder innig, aber seine Frau war die Stiefmutter der beiden, und als sie einmal wenig zu essen hatten, wünschte sie, die beiden wären niemals geboren.

Eines Abends, als die Kinder schlafen gegangen waren und sich der Mann vor Sorgen im Bett herumwälzte, sagte die Stiefmutter: „Es muss etwas geschehen, Mann. Wir führen morgen in aller Frühe die Kinder hinaus bis tief in den Wald und lassen sie dort allein." „Nein, Frau", sagte der Mann,

„das tue ich nicht; wie sollte ich's übers Herz bringen, meine Kinder im Wald allein zu lassen!" Aber die böse Stiefmutter bedrängte den Mann so lange, bis er schließlich einverstanden war. Die zwei Kinder konnten vor Hunger auch nicht einschlafen und hatten den Plan der Stiefmutter gehört. Gretel weinte bittere Tränen und sprach zu Hänsel: „Nun ist's um uns geschehen." „Still, Gretel", sagte Hänsel, „ich will uns schon helfen." Und als die Alten eingeschlafen waren, schlich er sich hinaus und steckte so viele weiße Kieselsteine in seine Tasche, wie hineingingen.

Am nächsten Morgen folgten die Kinder dem Holzhacker und seiner Frau bis tief in den Wald. Unterwegs blieb Hänsel immer wieder stehen und ließ einen Stein fallen.

Als sie mitten in den Wald gekommen waren, machte der Vater Feuer, und die Frau sagte: „Bleibt hier beim Feuer. Wir gehen in den Wald und hauen Holz. Wenn wir fertig sind, holen wir euch ab.“

Es wurde finstere Nacht. Gretel fing an zu weinen und sprach: „Wie sollen wir nun nach Hause finden?“ Hänsel tröstete sie: „Warte nur, bis der Mond aufgegangen ist.“ Und als der Vollmond aufgegangen war, nahm Hänsel

Gretel an die Hand und ging den Kieselsteinen nach, die wie Sterne schimmerten und ihnen den Weg bis nach Hause zeigten. Der Vater freute sich sehr, denn es war ihm zu Herzen gegangen, dass er sie allein gelassen hatte.

Nicht lange danach war die Not wieder groß, und die Kinder hörten, wie die Mutter nachts zum Vater sprach: „Die Kinder müssen fort." Dem Mann fiel's schwer, aber er stimmte schließlich wieder zu. Als die Alten schliefen, stand Hänsel auf und wollte die Kieselsteine auflesen wie das vorige Mal; aber die Frau hatte die Tür verschlossen, und Hänsel konnte nicht hinaus.

Am frühen Morgen bekamen die Kinder ihr Stückchen Brot, und sie sollten dem Vater folgen. Auf dem Weg in den Wald bröckelte es Hänsel in der Tasche, stand oft still und warf einen Brocken auf die Erde. Der Vater führte die Kinder noch tiefer in den Wald. „Bleibt da sitzen, Kinder, abends hole ich euch ab."

Der Abend verging, aber niemand kam zu den Kindern. „Wart nur, Gretel, bis der Mond aufgeht, dann werden uns die Brotkrumen den Weg nach Hause zeigen", tröstete Hänsel sein Schwesterchen.

Als der Mond kam, machten sie sich auf, aber sie fanden kein Brot mehr, denn die Vögel hatten es weggepickt. Hänsel und Gretel gingen die ganze Nacht, aber sie kamen aus dem Wald nicht heraus. Am Morgen gingen die Kinder weiter, bis sie zu einem Häuschen kamen, das war aus Brot und Kuchen und Zucker gebaut. Hänsel brach sich ein Stück vom Dach ab, um zu versuchen, wie es schmeckte, und Gretel stellte sich an die Fenster und knusperte daran.

Da rief eine Stimme: „Knusper, knusper, Knäuschen, wer knuspert an meinem Häuschen?" Die Kinder antworteten: „Der Wind, der Wind, das himmlische Kind!" Da ging die Tür auf, und eine steinalte Hexe kam heraus.

Hänsel und Gretel erschraken gewaltig. „Ei, ei, Kinder, ihr esst von meinem Haus?", sagte die Alte. „Kommt mit, und ihr werdet sehen, wie es ist, gegessen zu werden." Sie zog beide in ihr Haus, packte Hänsel und sperrte ihn in einen Stall. „Wenn er dick und fett ist, so will ich ihn essen. Ha, ha!" Die Wochen vergingen, die Hexe kochte Hänsel das beste Essen, aber Gretel bekam nichts als Schalen und Knochen. Einen der Knochen gab sie ihrem Bruder. „Streck ihn heraus, wenn die Hexe deine Finger fühlen will, ob du bald fett bist", sagte Gretel. „Sie ist so blind, sie wird den Unterschied nicht merken." Und Gretel sollte Recht behalten.

Die Hexe wunderte sich, dass Hänsel nicht fetter wurde. Eines Tages wollte sie nicht länger warten. „Morgen will ich ihn schlachten und kochen. Heiz den Ofen an, Gretel!" Bald loderte das Feuer im Ofen. „Ist es schon heiß genug?", fragte die Hexe. „Wie soll ich das wissen?", fragte Gretel. „Aus dem

Weg, dumme Gans!", brummelte die Alte. Sie schob Gretel zur Seite und steckte den Kopf in den Ofen. Schnell wie der Blitz stieß Gretel die böse Hexe in den Ofen und schlug die eiserne Tür zu.

Gretel fand schnell die Schlüssel der Hexe und lief schnurstracks zu Hänsel und befreite ihn. Im Hexenhaus standen überall Kisten mit Perlen und Edelsteinen. „Die sind noch besser als Kieselsteine", sagte Hänsel und steckte in seine Taschen, was hineinwollte.

Wieder machten sich die Kinder auf den Weg nach Hause. Bald kam ihnen der Wald bekannt vor, und endlich erblickten sie von Weitem ihres Vaters Haus. Da fingen sie an zu laufen, stürzten in die Stube hinein und fielen ihrem Vater um den Hals. Der Mann hatte keine frohe Stunde gehabt, seitdem er die Kinder im Wald gelassen hatte. Die Frau aber war gestorben. Hänsel und Gretel holten eine Hand voll Perlen und Edelsteine nach der andern aus ihren Taschen, sodass sie in der Stube herumsprangen. Da hatten alle Sorgen ein Ende, und sie lebten fortan in Freude zusammen.

Das Haus, das Jack gebaut hat

Das ist das Haus, das Jack gebaut hat.

Das ist das Korn neben dem Haus,
das Jack gebaut hat.

Das ist die Maus,
die fraß das Korn
neben dem Haus, das Jack gebaut hat.

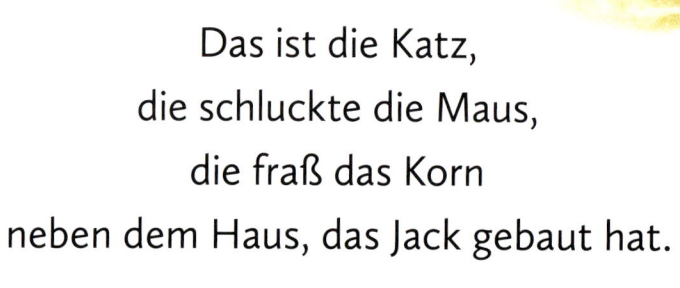

Das ist die Katz,
die schluckte die Maus,
die fraß das Korn
neben dem Haus, das Jack gebaut hat.

Das ist der Hund,
der schreckte die Katz,
die schluckte die Maus,
die fraß das Korn
neben dem Haus, das Jack gebaut hat.

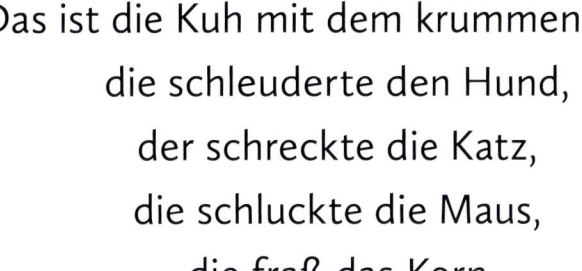

Das ist die Kuh mit dem krummen Horn,
die schleuderte den Hund,
der schreckte die Katz,
die schluckte die Maus,
die fraß das Korn
neben dem Haus, das Jack gebaut hat.

Das ist die Magd, allein und verlor'n,
die molk die Kuh mit dem krummen Horn,
die schleuderte den Hund,
der schreckte die Katz,
die schluckte die Maus,
die fraß das Korn
neben dem Haus, das Jack gebaut hat.

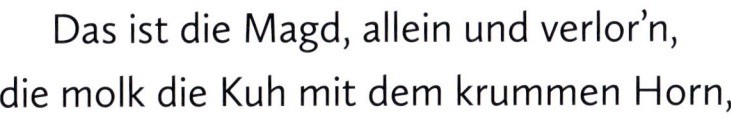

Das ist der Mann, zerlumpt und verfror'n,
der küsste die Magd, allein und verlor'n,
die molk die Kuh mit dem krummen Horn,
die schleuderte den Hund,
der schreckte die Katz,
die schluckte die Maus,
die fraß das Korn
neben dem Haus, das Jack gebaut hat.

Das ist der Pfarrer, hochgebor'n,
der traute den Mann, zerlumpt und verfror'n,
der küsste die Magd, allein und verlor'n,
die molk die Kuh mit dem krummen Horn,
die schleuderte den Hund, der schreckte die Kat
die schluckte die Maus, die fraß das Korn
neben dem Haus, das Jack gebaut hat.

Das ist der Hahn, der krähte am Morgen,
der weckte den Pfarrer, hochgebor'n,
der traute den Mann, zerlumpt und verfror'n,
der küsste die Magd, allein und verlor'n,
die molk die Kuh mit dem krummen Horn,
die schleuderte den Hund, der schreckte die Katz,
die schluckte die Maus, die fraß das Korn
neben dem Haus, das Jack gebaut hat.

Frieda bekommt ihre Flügel

Frieda war die kleinste Elfe auf der Lichtung, kleiner als alle ihre Freundinnen. Sie war auch schüchterner und ängstlicher – ja, sie fürchtete sich vor allem. Wenn sie ein „Flapp-flatter-flapp! Flapp-flatter-flapp!" hörte, versteckte sie sich schnell unter den Osterglocken. „Komm raus, du Dummchen!", lachte ihre Freundin Felicita. „Das war doch nur ein Schmetterling!" Friedas Wangen liefen rot an, so schämte sie sich. „Plitsch-platsch! Plitsch-platsch!", hörte Frieda und spürte etwas Nasses auf dem Kopf.

„Oh nein", jammerte sie mit zitternder Stimme und duckte sich unter einen Fliegenpilz. „Es regnet doch nur etwas!", riefen Cindy und Melissa lachend. „Wie kann man sich nur davor fürchten?" Frieda drehte sich um; sie schämte sich. „Huuuhuuu! Huuuhuuu!" Als Frieda das hörte, suchte sie schnell Schutz in einem hohlen Baumstamm. „Frieda hat sogar vor dem Wind Angst", rief Cindy. „Sie wird nie ihre Elfenflügel bekommen!" Frieda lief eine klitzekleine Träne die Wange hinunter. Cindy könnte Recht haben, und das machte ihr noch mehr Angst als Wind, Regen oder Schmetterlingsflügel. Frieda sehnte sich so danach, ihre Elfenflügel zu bekommen – sie träumte von dem Tag, wenn sie im Mondlicht flattern würde und wie die erwachsenen Elfen fliegen könnte. Aber sie wusste, dass sie sich die Flügel verdienen musste.

Jedes Jahr gab die Elfenkönigin am ersten Tag des Sommers allen jungen Elfen, die Mut bewiesen hatten, feine, spitzenzarte Flügel.

Wenn eine Elfe nicht tapfer war, musste sie bis zum nächsten Jahr warten. Frieda hoffte, dass auch sie dieses Jahr an der Reihe war. Aber wie sollte eine ängstliche Elfe jemals mutig werden?

Als der Sommeranfang näher rückte, versuchten alle jungen Elfen, sich gegenseitig an Mut zu übertreffen. Die Elfenkönigin sah von ihrem goldenen Thron aus am Rande der Lichtung allen zu. Frieda sah auch zu. „Ich klettere bis zur Spitze des Rosenbusches!", rief Melissa und stieg den dornigen Busch hoch. Als sie ganz oben war, winkte sie und pflückte eine hübsche Blüte, dann sprang sie hinab und eilte zum Thron der Elfenkönigin. „Ein Geschenk für Euch, Euer Majestät", sagte Melissa und machte einen Knicks vor der Königin.

„Die Dornen haben mir nichts ausgemacht. Ich hatte auch keine Angst, von oben herunterzuspringen. Ich hoffe, Ihr haltet mich für wirklich mutig." „Ich danke dir, Melissa", sagte die Elfenkönigin. „Wirklich sehr eindrucksvoll!" Frieda seufzte. Sie würde sich nie trauen, einen Rosenbusch hochzuklettern! Wie sollte sie die Königin nur beeindrucken? Am Nachmittag wollte auch Cindy der Elfenkönigin ein besonderes Geschenk bringen. „Ich werde sogar noch mutiger sein als du, Melissa", sagte sie. Cindy kletterte einen hohen Baumstamm hoch. Sie kletterte immer höher, bis sie weit oben einen Bienenstock erreichte. „Vorsicht, Cindy! Die Bienen stechen dich!", rief Melissa. „Ich hab keine Angst vor Bienen!", rief Cindy. „Bin doch kein Angsthase!"

Sie fasste in den Bienenstock und zog ein Stückchen Bienenwabe mit süßem Honig heraus. Bevor die Bienen sie erreichten, kraxelte sie schnell wieder den Baum hinunter und rannte mit ihrem Geschenk zur Elfenkönigin. „Ich danke dir, Cindy", sagte die Königin lächelnd. „Du bist wirklich furchtlos!" „Wetten, dass ich als Erste meine Flügel bekomme!", prahlte Cindy vor den anderen.

Am nächsten Tag spielten Frieda und ihre Freundinnen im Wald, plötzlich zischte eine Libelle heran. Frieda versteckte sich sofort, aber Melissa rannte hinter der Libelle her. „Seht mal, wie mutig ich bin!", rief sie und sprang im nächsten Moment auf den Rücken der Libelle. „Ich hab keine Angst! Vor nichts!" „Zischhhh! Zischhhhhh!", machte die Libelle, drehte Loopings und flog im Zickzack durch die Luft. „Juhuuuh!", rief Melissa. „Mut macht Spaß!" Die Elfenkönigin sah zu und lächelte.

Aber Frieda stand traurig abseits. Ich kann nicht klettern, und ich fürchte mich vor Libellen, dachte sie. Wie soll ich mir jemals Flügel verdienen?

Ein Geräusch unterbrach Friedas Gedanken. Sie drehte sich um und lauschte. Es kam aus der Pfütze. Jemand rief um Hilfe! Frieda rannte hin und sah einen Marienkäfer, der mit seinen Beinchen wild im Wasser ruderte. „Hilf mir, bitte!", rief er. „Ich kann nicht schwimmen!" Der Marienkäfer muss ertrinken, wenn ihn niemand rettet!, dachte Frieda. Aber die anderen sahen Melissa zu. Frieda war die Einzige, die ihm helfen konnte. „Keine Angst!", beruhigte Frieda den Käfer und versuchte, das Zittern in ihrer Stimme zu unterdrücken. „Ich hole dich raus!" Bebend vor Angst sprang Frieda in die Pfütze und schwamm zum Marienkäfer. „Halt dich an meinen Schultern fest", sagte sie zum kleinen Käfer.

Plötzlich sah Melissa, was passiert war. „Seht doch", rief sie den anderen
zu, „Frieda rettet ein Marienkäferchen!" Alle kamen herbeigelaufen und
jubelten, als Frieda den Marienkäfer in Sicherheit gebracht hatte. Über
ihnen schwebte lächelnd die Elfenkönigin. Sie hatte alles mit angesehen.
Am nächsten Tag war Sommeranfang, und alle Elfen, jung und alt,
versammelten sich vor dem Thron der Elfenkönigin, denn alle wollten die
Übergabe der Flügel miterleben. Die jungen Elfen plapperten aufgeregt.
„Psst!", machte eine der älteren Elfen. „Die Königin hält ihre Ansprache!"
„Alle jungen Elfen waren kühn und mutig", sagte die Elfenkönigin. „Und
darauf können sie alle stolz sein. Aber nur eine Elfe hat wirklich Tapferkeit
bewiesen. Daher erhält dieses Jahr nur eine ihre Flügel. Diese eine Elfe ist
Frieda. Für die anderen war es leicht, mutig zu sein, denn sie fürchten sich

vor nichts. Aber Frieda hat großen Mut bewiesen, obwohl sie Angst hatte. Frieda, tritt bitte vor!" Begleitet von Hochrufen bahnte sich Frieda unter Beifall den Weg durch die Menge. Als sie niederkniete, schwenkte die Königin den Zauberstab und ließ glitzernden Elfenstaub über die junge Elfe rieseln. „Oh!" und „Ah!", riefen alle, als die zarten Flügel an Friedas Schultern erschienen. Friedas Freundinnen kamen herbei, um die neuen Flügel zu bewundern. „Tut mir leid, dass ich dich ausgelacht habe", sagte Melissa leise. „Mir auch", sagte Cindy. „Jetzt weiß ich, dass du die Mutigste von uns allen bist." „Danke", sagte Frieda. Und ganz vorsichtig entfaltete sie ihre brandneuen Flügel und schwebte sachte in die Luft. Friedas Traum war wahr geworden.

Herr Eule und Frau Miezekatz

Herr Eule und Frau Miezekatz fuhren mal zur See
in einem erbsengrünen Boot.
Sie hatten viel Geld für die Fahrt um die Welt
und auch eine Menge Brot.

Herr Eule sah hoch in den Mondenschein
und stimmte dann ein Liedchen an:
„Oh, liebste Mieze! Oh, Mieze mein,
du machst mich zum glücklichsten Mann,
ja, Mann, ja, du machst mich zum glücklichsten Mann!"

Die Mieze sprach zum Eulenmann:
„Du eleganter Vogelhahn!
Bezaubernd war dein Gesing.
Ach, nimm mich zur Frau. Ich will ja, miau!
Doch was nehmen wir als Ring?"

So fuhren sie weiter, ein ganzes Jahr,
ins Land der Himmelsschlüssel,
und in diesem Land ein Schweinchen war
mit einem Ring am Rüssel,
ja, Rüssel,
ja, mit einem Ring am Rüssel.

„Liebes Schwein, bist du willig
und gibst uns ganz billig
den Ring?"
Das Schweinchen sprach: „Gern."
Und sie ließen sich trauen im Morgengrauen
vom Truthahn, der wohnte nicht fern.

Sie speisten viel Kuchen unter den Buchen
mit silbernen Löffeln fein,
und Hand in Hand am Meeresrand
tanzten sie im Mondenschein,
ja, im Mond,
ja, sie tanzten im Mondenschein.

Hopsfrosch und Prinzessin

Hopsfrosch liebte sein Märchenbuch über alles. Am besten gefiel ihm die Geschichte vom Frosch, der von einer hübschen Prinzessin geküsst wird. „Er wurde ein schöner Prinz", erklärte Hopsfrosch. „Wie toll!" Er zeigte die Geschichte seiner Freundin Lola. „Ich suche mir eine Prinzessin, die mich küsst", sagte er. Lola mochte Hopsfrosch. Sie waren Freunde, seit sie Kaulquappen waren. „Geh nicht", sagte sie. „Nimm lieber noch ein Stück von meinem Fliegenkuchen!" „Nein, danke", antwortete er. „Ich muss mich auf die Suche nach einer Prinzessin machen."

Mit dem Märchenbuch im Korb seines Dreirads strampelte Hopsfrosch an seiner Familie im Seerosenteich vorbei. „Der Fliegenkuchen ist heute lecker!", rief ihm Lola nach. Hopsfrosch lächelte nur. Er fuhr unter einer Brücke hindurch über den Hügel, steuerte mit Volldampf um eine Ecke und raste an drei dicken Kröten auf Fahrrädern vorbei.

„Seht euch den an!", sagte die dickste Kröte. Aber Hopsfrosch nahm keine Notiz von ihnen, denn er hatte eine Prinzessin entdeckt. Sie stieg gerade mit Einkaufstüten bepackt aus dem Auto.

„Aha!", sagte sich Hopsfrosch. „Jetzt kommt der Kuss!" Er ließ das Dreirad stehen und hüpfte aufgeregt zur Prinzessin. Sie sah die dicken, zum Kuss geformten Froschlippen und ...

„Iiiiiiiih!", kreischte die Prinzessin. Sie schleuderte die Einkaufstüten durch die Luft, und die Einkäufe flogen überall hin. Eine Tüte platzte, und Mehl puderte die drei dicken Kröten ein, die Hopsfrosch auf ihren Rädern gefolgt waren. KNALL! PENG! KRACH! Die drei dicken Kröten krachten mit ihren Fahrrädern ineinander, aber Hopsfrosch bemerkte sie nicht. „Iiiiih! Iiiiih-gitt!", kreischte die Prinzessin noch lauter und rannte in ihren Palast, Hopsfrosch hoppelte hinterher. Sie schlug ihm die Tür vor der Nase zu. „Das hat nicht geklappt", murmelte Hopsfrosch, als er auf seinem Dreirad die Landstraße nach Hause strampelte. Er sah nicht einmal die drei dicken Kröten mit den Mehlköpfen in der Nähe der Gleise.

Im Mittsommerwald sah Hopsfrosch die zweite Prinzessin. Sie pflückte Blumen. „Los, Hopsfrosch!", feuerte er sich an und trat schneller in die Pedale. Plötzlich kam hinter einem Baum ein schrecklich großer Hund hervor und machte einen fürchterlichen Lärm. WAU-WAU! WAU-WAU! Er sprang genau auf Hopsfrosch zu. Der wendete sein Dreirad, kam in einem Morastloch ins Schlingern und wäre fast mit einem Maulwurf auf Rollerskates zusammengeprallt. Der Hund kam immer näher. „Oje! Oje!" Hopsfrosch raste um einen Baum herum. RUMMS! Sein Dreirad schepperte gegen einen dicken Ast, Hopsfrosch wirbelte durch die Luft und blieb auf dem Rücken liegen. Eine glänzende schwarze Nase kam immer näher ... und näher ...

SCHLECK! Die große rosafarbene Zunge kam auch immer näher ... und näher und ... „Hierher, Banjo! Komm!", rief eine Stimme. Banjo, der Hund, hielt inne, drehte sich um und tobte davon. „Das war auch nichts", sagte Hopsfrosch kleinlaut, als er zu seinem Dreirad schlich. Schnell verließ er den Mittsommerwald und fuhr an einem Fluss entlang, der sich durch die Felder wand.

Da sah er die dritte Prinzessin. „Hallo", grüßte er. „Ich bin Hopsfrosch." Die Prinzessin begrüßte Hopsfrosch mit einem umwerfenden Lächeln. „Wie süß!", flötete sie und hob ihn hoch. „Und so schön grün!" Hopsfrosch spitzte die Lippen für den Zauberkuss. Aber die Prinzessin stopfte ihn in ein Glas und schraubte den Deckel zu. „Heh!", rief Hopsfrosch. „Das gilt nicht!" „Doch!", sagte eine kleine Kröte neben ihm. „Sie hat mich heute Morgen

auch von meinem Fahrrad geangelt, und seitdem sitz ich hier drin!" Plötzlich stolperte die Prinzessin. Das Glas flog durch die Luft. WISCHHHHHH! „Hilfe!", schrie Hopsfrosch. „Festhalten!", rief die Kröte. Das Glas platschte ins Wasser und zerbrach.

Die kleine Kröte und Hopsfrosch schwammen ans Ufer. „Da! Meine Freunde kommen mir zu Hilfe", sagte die kleine Kröte. „WO SIND DENN MEINE LIEBLINGE?!", kreischte die Prinzessin. Schnell sprang die kleine Kröte auf das Fahrrad der dicksten Kröte, winkte Hopsfrosch zum Abschied zu und war verschwunden. „Das hat wieder nicht geklappt", grummelte Hopsfrosch und radelte eilig zum Seerosenteich zurück.

Mit einem Mal kam eine Prinzessin auf einem Skateboard angerauscht. Bevor er noch „Hallo, ich bin Hopsfrosch" sagen konnte, gab ihm die Prinzessin einen Kuss auf die Wange. „Das war toll!", sagte sie und lächelte ihn an.

„Ja, aber ich bin gar kein schöner Prinz geworden", quengelte Hopsfrosch.
„Macht nichts", sagte die Prinzessin. Dann streifte sie ihre Verkleidung
ab, und zum Vorschein kam Prinzessin Lola. „Als Prinzessin hast du mich
geküsst, und jetzt bist du ein Frosch!", sagte Hopsfrosch und lachte.
„Möchtest du noch einen Kuss?", fragte Lola. „Ich möchte lieber ein Stück
Fliegenkuchen", entgegnete Hopsfrosch. Und zusammen hüpften sie
glücklich nach Hause.

Die kleine Meerjungfrau

Vor langer, langer Zeit gab es tief unten im blauen Ozean das Königreich des Meervolkes. Das Meervolk glich den Menschen, doch statt der Beine und Füße hatten sie Fischschwänze. An der tiefsten Stelle des Meeres lag das Prachtschloss des Meerkönigs. In diesem Palast lebten der Meerkönig, seine Mutter und seine sechs Töchter. Die sechs Meerprinzessinnen waren alle wunderhübsch, aber die jüngste, die kleine

Meerjungfrau, war die schönste von allen. Auch konnte sie am schönsten singen. Die Jüngste kannte keine größere Freude, als von der Menschenwelt oben zu hören. Die alte Großmutter musste ihr alles erzählen, was sie von den Seeleuten und ihren großen Schiffen, von den Städten, Menschen und Tieren wusste. „Wenn du dein fünfzehntes Jahr erreicht hast", sagte die Großmutter, „dann darfst du aus dem Meer emportauchen, und dann kannst du alles selbst sehen." Jahr für Jahr musste die kleine Meerjungfrau ihren Schwestern zusehen, wie eine nach der anderen ihr fünfzehntes Jahr erreichte und zur Menschenwelt aufsteigen durfte.

Endlich war auch sie alt genug. Als sie zur Meeresoberfläche kam, sah sie ein prächtiges Schiff vor Anker liegen. Sie hörte Gesang aus den Kajüten, und Männer tanzten an Deck. Und der schönste von ihnen war ein junger

Prinz, dessen sechzehnter Geburtstag gefeiert wurde. Die kleine Meerjungfrau beobachtete den schönen Prinzen bis spät in die Nacht. Ein Sturm zog auf, langsam begann das Meer zu blubbern und zu brodeln. Das Schiff wurde zwischen den Wellen hin und her geworfen, Masten brachen. Plötzlich legte sich das Schiff auf die Seite und sank in die Tiefe. Die kleine Meerjungfrau merkte, dass die Männer in Gefahr waren, aber es war zu dunkel, sie sah nicht, was passierte. Da erkannte sie den bewusstlosen Prinzen im Wasser, und trotz der Gefahr, von Wrackteilen getroffen zu werden, schwamm sie zu ihm und hielt seinen Kopf über Wasser. Die kleine Meerjungfrau schwamm und schwamm, bis sie die nächste Küste erreichte. Sie legte den Prinzen in den Sand und schwamm wieder zurück ins Meer und wartete.

Am nächsten Morgen kamen einige junge Mädchen aus dem großen weißen Gebäude in der Nähe an den Strand. Bald hatte eine von ihnen den Prinzen entdeckt; sie kniete sich hin und weckte ihn. Die kleine Meerjungfrau sah, dass der Prinz zu sich kam und alle anlächelte, aber zu ihr hinaus lächelte er nicht, er wusste ja auch nicht, dass sie ihn gerettet hatte. Sie wurde sehr traurig, und als er in das große Gebäude geführt wurde, tauchte sie betrübt ins Wasser hinab und kehrte heim ins Schloss ihres Vaters.

Die kleine Meerjungfrau wurde von Tag zu Tag trauriger. Schließlich gab sie ihr Geheimnis einer der Schwestern preis. Bald kannten alle Meerjungfern ihre Geschichte. Zum Glück wusste eine, wo der Prinz in seinem Schloss am Meer wohnte. Sobald sie das Schloss ihres Prinzen gefunden hatte, kehrte sie Abend für Abend dorthin zurück. Sie beobachtete ihn, wie er auf dem Balkon stand und aufs Meer schaute. Die kleine Meerjungfrau verliebte sich immer mehr in den Prinzen. Sie wusste aber, dass er sie nie lieben würde,

denn um von einem Menschen beachtet
zu werden, musste sie statt ihres
Fischschwanzes zwei Beine haben.
Sie konnte den Prinzen jedoch
nicht vergessen. So beschloss
sie, alles dafür zu geben, um
die Liebe des Prinzen zu
gewinnen. Sie ging zur
bösen Meerhexe.

„Ich weiß, was du willst!",
krächzte die Hexe.
„Ich werde dir einen
Trunk bereiten, mit dem
du Beine und Füße
bekommst. Allerdings
wird sich jeder Schritt
anfühlen, als gingest
du auf Glasscherben.
Willst du das?" „Ja!",
rief die Prinzessin. „Wenn

der Prinz aber eine andere als dich heiratet, bricht dein Herz, und du wirst
zu Schaum auf dem Wasser", sagte die Hexe. „Und ich will deine Zunge
als Lohn!" „Aber wie kann ich den Prinzen ohne meine Zunge betören?",
fragte die kleine Meerjungfrau. „Das ist deine Sache", krächzte die Hexe.
Da gab die Meerjungfrau ihre Zunge für den Hexentrank.

Sie konnte weder sprechen noch singen,
als sie sich auf den Weg zum Schloss
des Prinzen machte. Dort nahm sie einen
Schluck vom Hexengebräu, fühlte scharfe
Messer durch ihren Körper schneiden
und fiel in eine tiefe Ohnmacht.
Als sie erwachte, hatte sie zwei Beine
und zwei Füße. Sie lief die Schlosstreppe
hinauf, und es war, wie die Hexe
vorausgesagt hatte, als ob sie über

zerbrochenes Glas ging. Als sie jedoch den Prinzen sah, vergaß sie die Schmerzen. Der Prinz fragte sie, wer sie sei, aber sie konnte natürlich nicht sprechen. Der Prinz war entzückt von dem Mädchen und nahm sie überall mit hin. Er nannte sie sein kleines Findelkind, aber es kam ihm nicht in den Sinn, sie zur Frau zu nehmen. Er erzählte ihr, er wolle ein Mädchen heiraten, das ihm einst das Leben gerettet hatte. „Ich habe sie nur einmal gesehen", erklärte er. „Aber sie ist die Einzige, die ich jemals lieben könnte. Sie will ich heiraten." Die kleine Meerjungfrau konnte ihm nicht sagen, dass sie es war, die ihm das Leben gerettet hatte.

Eines Tages bereiteten die Eltern des Prinzen alles dafür vor, dass er zum Nachbarkönig reisen konnte, um dessen Tochter zu heiraten. „Keine Sorge", sagte der Prinz zur kleinen Meerjungfrau. „Ich muss hinfahren, aber ich kann sie ja nicht lieben! Sie gleicht nicht dem schönen Mädchen, der du ähnlich siehst. Sollte ich einmal eine Braut wählen, so würdest eher du es werden!" Doch als der Prinz die Prinzessin sah, rief er: „Sie ist es! Sie hat mir das Leben gerettet!" So wurde die Heirat beschlossen. Die kleine Meerjungfrau war sehr traurig. Sie weinte bittere Tränen. Als nach der Hochzeit alle schliefen, erschienen ihre Schwestern. Sie hatten ihre langen goldenen Haare verloren. „Wir haben unser Haar der Hexe gegeben", sagte die Älteste, „und dafür dieses Messer bekommen. Wenn du es dem Prinzen ins Herz stößt, wirst du wieder eine Meerjungfrau."

Doch die kleine Meerjungfrau liebte den Prinzen so sehr, dass sie ihn niemals töten konnte. Sie warf das Messer weit ins Meer hinaus und sprang ins Wasser. Doch statt zu Schaum auf dem Wasser zu werden, wurde sie sanft emporgehoben, über ihr schwebten hunderte durchsichtiger Geschöpfe. Und ihr Körper glich jetzt dem dieser Wesen, er erhob sich immer weiter aus dem Schaum. Die kleine Meerjungfrau war so voller Liebe und Güte gewesen, dass sie sich einen Platz im Himmel verdient hatte.

Der traurige Drache

Dani war traurig. Der Morgen hatte schon nicht gut angefangen für das kleine Drachenmädchen. Sie war aus dem Baum gefallen, was wirklich nicht schön ist, gleich zu Beginn des Tages! Dani hatte geträumt: Sie war einen Grashügel hinuntergerutscht, immer schneller, bis sie in einem stacheligen Baum landete. „Aua! Ich hasse diesen Traum!", rief sie und war sofort hellwach. Dabei war es gar kein Traum. Es ist wirklich passiert! Dani ist aus ihrem Nest im Zauberbaum gefallen und durch die stacheligen Äste und Zweige nach unten gerauscht.

Und warum ist sie nicht einfach zurück-
geflogen? Das Problem ist, dass Drachen,
obwohl sie hervorragend fliegen können, sich
zuerst aufwärmen müssen. Vor dem Start öffnen sie
die Flügel, wedeln ein bisschen und strecken den Hals.
Wenn sie schlafen, haben sie natürlich keine Zeit, zu
wedeln und den Hals zu strecken. Deshalb ist Dani einfach
runtergefallen – schnell und hart. Sie landete mit einem
lauten RUMMS! und weckte all die anderen Drachen im Wald.

Schhhh!", machten die
anderen Drachen. „Ruhe
da unten!" Arme Dani!
Sie hatte am ganzen Körper
rote Streifen und blaue
Flecken. Und was noch
schlimmer war, ihr Feuerspei
war ausgegangen und
ließ sich nicht mehr
anzünden! „Der Sturz hat
meinen Feuerspei kaputt-
gemacht", seufzte Dani.

Sie brauchte unbedingt ihre Flamme, um sich aufzuwärmen – und
um Spiegeleier zu braten. Dani versuchte noch einmal, Feuer zu speien.
Sie hustete und prustete. Sie machte das Maul weit auf. Sie spitzte
die Lippen zu einem winzigen Spalt. Nichts klappte. Ihr Feuer war aus.
Dicke Tränen kullerten ihr die Nase herunter.
Wenn Drachen weinen, das ist nur wenig bekannt, dann heulen sie
wie Springbrunnen. Sie haben viel Wasser im Körper für den Fall, dass
ihr Feuer einmal zu groß wird. Bald saß Dani also in einer Tränenpfütze,
und ihr Schluchzen weckte die anderen Drachen endgültig auf.
„Was ist denn los?", fragte Dolli.
„Warum weinst du denn?", fragte Dodo.
„Du siehst vielleicht komisch aus!",
stellte Didi fest.

Du hast ja überall Streifen und blaue Flecken." „Ich bin vom Baum gefallen", schluchzte Dani. „Alles tut mir weh, und mein Feuerspei ist kaputt." „Kein Wunder", sagte Didi. „Wenn dir so viel Wasser die Nase runterläuft, kann keine Flamme kommen!" „Macht euch nur lustig über mich", rief Dani wütend. „Ihr liegt ruhig in euren Nestern. Und ich habe Hunger, und mir ist kalt." Und damit trottete sie in den Wald. „Bleib doch!", riefen ihre Freunde. „Vielleicht können wir dir helfen!"

Aber Dani ging nur noch schneller.
Sie hatte sehr schlechte Laune.
Als sie zum Purpurberg kam,
setzte sie sich auf einen Stein
und schmollte. „Alles okay?",
fragte eine schrille Stimme.
„Nichts ist okay!", sagte Dani.

„Verschwinde!" „Ich will dir doch nur helfen", sagte der blauschwarze
Rabe. Dani schniefte, sie schluckte. Sie versuchte, die Tränen
zurückzuhalten, aber eine dicke Träne schlich sich über ihr faltiges
Gesicht. „Oje", sagte der Rabe, „du bist aber unglücklich." „Mein Feuerspei
ist kaputt", seufzte der kleine Drache. „Und keinen interessiert es!"
„Mich schon", sagte der Rabe. „Buhu!", stöhnte Dani. „Mir ist kalt. Und
ich kann mir keine Spiegeleier zum Frühstück braten. Keiner versteht
mich." „Ich versteh dich", sagte der Rabe. „Ich glaub, ich kann dir helfen.
Ich weiß, wo du eine neue Flamme findest." „Wirklich?" Dani schluckte
und starrte ihn an. „Wo?" Der Rabe hüpfte auf Danis große Nase.

Du musst mir versprechen, dass du jetzt nicht mehr weinst, damit dein Rachen trocknet – und du musst versprechen, dass du wieder bessere Laune hast."

„Gut", sagte Dani, „ich werd's versuchen."

„Okay", fuhr der Rabe fort. „Auf der Spitze des Purpurberges wohnt der Phoenix. Das ist ein Zaubervogel, der aus Feuer besteht. Er macht die schönsten purpurroten und gelben Flammen, die du dir vorstellen kannst." „Toll!", sagte Dani und schniefte noch ein letztes Mal. „Und ich bin sicher", sagte der Rabe, „dass er dir ein Fünkchen Feuer gibt, wenn du ihn nett darum bittest."

„Toll", sagte Dani wieder. Dann machten sich der Drache und der Rabe auf den Weg zur Bergspitze. Sie brauchten eine ganze Weile, bis sie oben ankamen.

Dort tanzte der Phoenix in der Abendsonne. Er sah wunderhübsch
aus, er glühte und war von züngelnden Flammen umgeben.
„Ich habe dich schon erwartet", rief der Phoenix. „Komm mal näher."
Dani trat nervös einen Schritt vor. Der Phoenix lächelte und sagte:
„Die größte Wärme entsteht aus Freundschaft. Deine Flamme ist noch
da, aber du musst an dich glauben – und an deine Freunde. Flieg zurück
und sei freundlich zu den anderen Drachen. Sei glücklich, und
deine Flamme wird wieder da sein,
ehe du dich versiehst."

Dani tat, was der Phoenix ihr geraten hatte. Mit dem Raben auf der
Schulter flog sie den Berg hinunter durch den Wald. Als sie wieder bei
ihrem Zauberbaum ankam, färbte die Morgensonne des neuen
Tages den Himmel rot.

„Hallo, Dani!", rief Dolli. „Schön, dass du wieder da bist", sagte Dodo. „Wir haben dich vermisst!", fügte Didi hinzu. „Willkommen zu Hause!", riefen alle drei im Chor. „Danke", sagte Dani und lächelte. Und als sie lächelte, merkte sie, wie ihr Feuer wiederkam, tief unten in der Kehle, und ihr wurde wunderbar warm.

Und plötzlich schoss eine helle Flamme aus ihrem Maul. „Heute wird ein schöner Tag", sagte Dani und grinste von einem Ohr zum anderen. Und um sie herum tanzten – genau wie bei ihren Freunden – helle warme Flammen.

Die kleine Ente hat große Pläne

Die kleine Ente war im Frühling am plätschernden Fluss geboren worden. Sie liebte ihren Fluss und schwamm gern zusammen mit den anderen weißen Enten, den großen weißen Schwänen und den bunten Wildenten auf dem Fluss hin und her. Manchmal ging sie auch auf Entdeckungsreise und paddelte kräftig flussaufwärts, um sich dann vom Wasser zurück nach Hause ins raschelnde Schilf tragen zu lassen. Die kleine Ente hatte sehr viele Freunde am Fluss. Die Kaninchen kamen aus ihrem Bau und winkten der kleinen Ente zu.

„Mümmel-Mümmel!", riefen die Kaninchen. „Quak! Quak! Quak!", antwortete die kleine Ente. Weiter flussabwärts wohnten die Feldmäuse. Die kleine Ente suchte die Mäusebabys – da, sie lugten vorsichtig unter einem Sauerampferblatt hervor. „Quak! Quak!", grüßte die kleine Ente. „Quiek! Quie-ieiek! Quiek!", antworteten die Mäusebabys.

Hinter der Wiese begann der Wald. Dort spielten die Eichhörnchen. Die kleine Ente grüßte sie. Schließlich kam sie in ihr raschelndes Zuhause im Schilf zurück, wo die Frösche ihren nächtlichen Quakgesang übten. „Quaaaaok! Quaaaaok! Schön, dass du wieder zu Hause bist!", riefen sie. Während des Sommers waren viele Tiere am Fluss.

Die kleine Ente beobachtete besonders gern die Wildenten. Im Frühling war eines Tages ein Flügelrauschen in der Luft, und dann waren die hübschen Fremden gekommen.

Aber jetzt war es Herbst, und die Bäume verloren die Blätter. Es wurde jeden Tag kälter. „Wir müssen abreisen", sagte der Anführer der Wildenten. „Ihr wollt den Fluss verlassen?", fragte die kleine Ente. „Aber ja. Im Winter bleibt doch niemand hier. Wir fliegen in den Süden." In den Süden!, dachte die kleine Ente. „Ich möchte mit euch kommen!", rief sie. „Ich möchte auch fliegen!" „Dann komm mit!", sagte die Wildente. „Du bist herzlich eingeladen." Das musste die kleine Ente gleich ihren Freunden erzählen. „Ich wollte euch ‚Auf Wiedersehen' sagen!", sagte sie. „Ich fliege in den Süden!"

„Oh, bitte, geh nicht weg!", riefen ihre Freunde. „Bleib doch bei uns und dem herrlichen Fluss!" Aber die kleine Ente antwortete: „Im Winter bleibt doch niemand hier!" Am nächsten Tag versammelten sich die Wildenten wieder. „Auf geht's", riefen sie. „Zeit für die Abreise!"

Und die kleine Ente flog mit ihnen. Die Wildenten flogen hoch und immer höher. Die kleine Ente flog hoch und höher. Sie drehten wunderschöne Kurven am Himmel. Und die kleine Ente sah nach unten, sah den Kaninchenbau und die Wiese der Mäuse, den Eichhörnchenwald und das raschelnde Schilf und den Fluss, der sich unten entlangschlängelte. Und alles wurde jede Minute kleiner. Die kleine Ente sah nach oben zum großen weiten Himmel. Dann sah sie wieder ihr Zuhause unter sich und merkte, dass sie gar nicht fortziehen wollte. „Auf Wiedersehen!", rief sie

den Wildenten zu. „Ich fliege wieder nach Hause!" Und dann sauste die kleine Ente nach unten und landete PLATSCH! in ihrem Fluss. Sie war wieder zu Hause! „Hier bin ich! Ich bin wieder da!", rief sie. „Wer bist du denn?", fragten die Kaninchen und die Mäuse, die Eichhörnchen und die Frösche. „Kennen wir dich?" „Ich bin's doch, die kleine Ente", sagte die kleine Ente. „Oh nein", sagten sie. „Unsere Freundin ist weggeflogen. Sie ist jetzt eine Wildente. Sie hatte große Pläne." Die kleine Ente wusste nicht, was sie sagen sollte. „Ich bin es!", rief sie dann. „Ich bin die kleine Ente. Kennt ihr mich denn nicht mehr?" „Hm", sagte ein Kaninchen. „Sie sieht aus wie die kleine Ente. Aber das kann nicht sein. Die kleine Ente wollte nicht hier bleiben." „Oh nein!", quiekten die Feldmäuse. „Im Winter bleibt doch niemand hier!" „Niemand, niemand, niemand!", quakten die Frösche. Und dann riefen alle: „Oh nein! Oh nein!"
Und plötzlich merkte die kleine Ente, dass sie lachten. „Hört auf damit!", sagte sie. „Ihr wisst doch, dass ich hierher gehöre. Dieser Fluss ist mein Zuhause, und ihr seid meine Freunde, und jetzt bin ich glücklich."
„Wir auch", sagten ihre Freunde. „Willkommen zu Hause!"

Lauf Gina, lauf!

Gina wohnte mit ihrer Erdmännchen-Familie unter dem heißen Wüstensand tief unten im kühlen Erdbau. Als Gina ihre beiden neuen Babygeschwister Gip und Gambesi zum ersten Mal sah, musste sie kichern: Ihr kleiner Bruder und ihr Schwesterchen lagen mit geschlossenen Augen da und waren noch nackt. „Sie sind so ruhig", wunderte sie sich. „So warst du auch einmal", sagte ihre Mutter, während die Babys ihre Milch tranken. „Du hast nicht immer so schnell rennen können wie jetzt."

Gina war stolz darauf. „Ich bin die Schnellste!", prahlte sie. „Du musst deine guten Fähigkeiten nutzen – das kann einmal lebensnotwendig sein", sagte ihr Vater. Gina hob geschmeichelt die Nase und schnüffelte. „Wenn man dich so sieht", fuhr ihre Mutter fort, „du bist jetzt fast erwachsen. Ich möchte gern, dass du bald mein Babysitter bist, wenn dein Vater und ich zum Jagen gehen. Machst du das?" „Klar, das mach ich!", sagte Gina stolz. Welch eine Ehre, dass mir die Babys anvertraut werden!, dachte sie. „Du bist auch nicht allein", erklärte ihr Vater. „Die Wachen der Erdmännchen werden auf dich achten." „Pah, die brauch ich nicht!", murmelte Gina.

Dann kam der Tag, an dem Ginas Eltern mit dem Jagen an der Reihe waren. Gina war der Babysitter. Ihre Eltern hatten gesagt, sie sollte die Kleinen nicht mit nach draußen nehmen. Aber kaum waren sie weg, da wusste Gina, was sie tun würde. „Ihr seht so blass aus", sagte sie. „Ihr müsst in die Sonne!" Und sie scheuchte die kleinen Erdmännchen durch die steilen Gänge im Bau.

„So, nun lauft und seht euch alles genau an!", lockte sie, als sie oben angekommen waren. Und Gip und Gambesi kletterten aus dem Eingangsloch in den Wüstensand. „Heiß!", murmelte Gip, dann stolperte sie und fiel kopfüber in den heißen, kratzenden Sand. Gina bewarf Gip und Gambesi mit Sandklumpen. „Los, ihr beiden, lauft schon!" „Puuuh!", schimpfte Gambesi. Er hatte das Maul voller Sand. Gina jagte ihre Geschwister und rief immer wieder: „Los jetzt! Etwas mehr Bewegung! Lauft!" Sie jagten sich gegenseitig über den Wüstenboden und entfernten sich, ohne es zu merken, immer weiter vom sicheren Bau.

Gina hörte die Erdmännchenwachen vom Termitenhügel aus rufen, sie hörte jedoch nicht, was sie riefen – sie versuchte aber auch nicht, es zu verstehen. Gina sah hoch.

Ein mächtiger Adler kreiste am Himmel, dann schwebte er plötzlich tiefer, um besser sehen zu können. Er war hungrig, und ein junges Erdmännchen war eine schmackhafte Mahlzeit. Die Erdmännchenwachen sprangen den Hügel hinunter und wirbelten dabei mit ihren Pfoten so viel Staub auf, dass der Adler die Kleinen einen Moment lang nicht sah. Jetzt musste Gina handeln: Sie bewarf den Adler mit Sandklumpen, immer wieder, bis sie ihn genau zwischen den Augen traf. „LAUFT!", befahl Gina, der Babysitter. Gip und Gambesi trippelten durch den weichen Sand. „Schneller! Lauft!", schrie Gina. Sie blickte hoch und sah, dass der Adler es auf Gambesi abgesehen hatte, der in eine andere Richtung gelaufen war. Gina wusste, was sie machen musste.

Sie stieß sich mit den Hinterbeinen ab, sprang in weiten Sätzen über den Sand, packte Gambesi am Nacken und rannte schneller als je zuvor. Der heiße Sand stach ihr in Augen und Ohren, aber Gina lief um ihr Leben – und das ihrer Geschwister!

„Hinein!", befahlen die Wachen
und stießen Gip, Gambesi und
Gina durchs Eingangsloch hinunter
in die Gänge. Dann sprangen
sie zur Sicherheit hinterher.
Sie hätten mit Gina wegen ihres
Leichtsinns geschimpft, aber die
kleinen Erdmännchen waren zu
sehr damit beschäftigt, durch
das Gewirr von Gängen nach
Hause zum Bau zu finden.
Als sie ankamen, war niemand da.

„Ich will meine Mama", heulte Gip. „Ich will zu meinem Papa!", jammerte Gambesi. Gina war auch zum Weinen zumute. Ihre Eltern waren in großer Gefahr, wenn der Adler in der Nähe blieb. Aber Gina, der Babysitter, sagte den Kleinen nichts, sie musste tapfer sein. Also spielten sie zuerst Stadt-Land-Fluss ... und dann Verstecken ... und dann Fangen, ihr Lieblingsspiel. Und bald hatten die Kleinen keine Angst mehr.

„Hallo zusammen!", hörten sie die vertrauten Stimmen ihrer Eltern. „Hurra!", riefen Gip und Gambesi, als ihre Eltern in den Bau kamen. „Ihr seid ja ganz außer Atem", sagte ihre Mutter. Sie wusste schon von den Wachen, dass Gina mit den Kleinen draußen war. „Und warum seid ihr voller Sand?",

fragte ihr Vater. „Gina …?" „Wir sind gerannt", sagte Gip. „Oben im Sand",
erklärte Gambesi. Gina schwieg. Ginas Eltern erschauerten bei dem
Gedanken, in welcher Gefahr ihre Kinder gewesen waren. Nur kurze
Zeit vorher mussten sie selbst flitzen wie der Wind, um dem großen
Adler zu entkommen.

Aber es war gut gegangen. Gina half ihren Eltern, Gip und Gambesi ins
Bett zu bringen. Gemeinsam sangen sie das Lied vom Wind, der über
den heißen Wüstensand wehte … und von dem jungen, furchtlosen
Erdmännchenmädchen, das schneller laufen konnte als der Wind.

Rapunzel

Es war einmal vor langer Zeit, da erwarteten ein Mann und seine Frau ihr erstes Kind. Die Zeit verging, und die Frau musste am Tag meist ruhen. Sie sah oft aus dem Fenster, hinüber in einen prächtigen Garten mit den schönsten Blumen und Kräutern. Niemand hatte je gewagt, den Garten zu betreten, denn er gehörte einer Hexe. Eines Tages blickte die Frau wieder zum Garten hin und sah ein Beet mit den schönsten Rapunzeln, die sie je gesehen hatte. Und sie sahen so frisch und grün aus, dass die Frau sie beinah schmecken konnte. An den folgenden Tagen sah die Frau unablässig zu den Rapunzeln hinüber. Und nach einiger Zeit ging es ihr immer schlechter. „Was fehlt dir, liebe Frau?", fragte ihr Mann. „Ach, es sind die Rapunzeln aus dem Hexengarten", antwortete sie. „Wenn ich sie nicht bald zu essen bekomme, werd ich noch krank." Der Mann konnte es nicht ertragen, seine Frau so leiden zu sehen, daher schlich er in der Nacht in den Garten der Hexe und stach hastig eine Hand voll Rapunzeln. Seine Frau war überglücklich. Der Rapunzelsalat schmeckte ihr so köstlich, dass sie mehr haben wollte. In der nächsten Nacht schlich ihr Mann also wieder in den Garten.

Er hatte gerade einige Rapunzeln genommen, da sprang eine finstere Gestalt hervor – es war die böse Hexe. „Hab ich dich, du gemeiner Dieb!", krächzte sie. „In meinen Garten zu steigen und mir meine Rapunzeln zu stehlen? Das soll dir schlecht bekommen!"

„Vergebt mir!", rief der Mann. „Meine Frau erwartet ein Kind. Und sie sagt, sie wird krank, wenn sie nicht von deinen Rapunzeln zu essen bekommt." „Ein Kind? So, so!" Die Hexe grinste zahnlos. „Gut! Du kannst so viele Rapunzeln nehmen, wie du willst. Unter einer Bedingung: Du musst mir das Kind geben, das deine Frau zur Welt bringen wird. Wenn du dies nicht befolgst, werde ich euch beide in Kröten verwandeln."

Der Mann sagte in seiner Angst alles zu, und als die Frau ein wunderhübsches Mädchen gebar, waren die beiden Eltern überglücklich. Doch die Freude der beiden war von kurzer Dauer.

Denn sogleich erschien die hässliche und finstere Hexe bei den beiden, gab dem Kind den Namen „Rapunzel", sagte, dass dies das Letzte sei, was die Eltern von ihrem Kind sehen würden und nahm es mit sich fort.

Rapunzel wurde das schönste Kind unter der Sonne, mit langem, goldenem Haar. Als sie sechzehn Jahre alt war, schloss die Hexe sie in einen hohen Turm, der in einem Wald lag und weder Treppe noch Tür hatte; nur ganz oben war ein kleines Fenster. Wenn die Hexe hineinwollte, stellte sie sich unten hin und rief: „Rapunzel, Rapunzel, lass mir dein Haar herunter!" Wenn Rapunzel die Stimme der Hexe vernahm, so band sie ihre Zöpfe los, und dann fielen die Haare bis tief herunter, und die Hexe stieg daran hinauf.

Nach ein paar Jahren trug es sich zu, dass der Sohn des Königs durch den Wald ritt und an dem Turm vorüberkam. Da hörte er einen Gesang, der war so lieblich, dass er anhielt und horchte. Der Königssohn wollte hinaufsteigen und

suchte nach einer Tür im Turm, aber er fand keine. Er ritt heim. Doch der Gesang hatte ihm so das Herz gerührt, dass er jeden Tag in den Wald ging und zuhörte. Als er einmal hinter einem Baum stand, sah er, wie die Hexe kam und rief: „Rapunzel, Rapunzel, lass mir dein Haar herunter!"
Erstaunt sah er, wie Rapunzel ihr goldenes Haar herunterließ und die Hexe hinauf in den Turm stieg. Der Prinz wartete, bis die Hexe fort war; dann ging er zum Turm und rief: „Rapunzel, Rapunzel, lass mir dein Haar herunter!" Da fielen die Haare herab, und der Königssohn stieg hinauf. Anfangs erschrak Rapunzel gewaltig, doch der Königssohn fing an, ganz freundlich mit ihr zu reden.

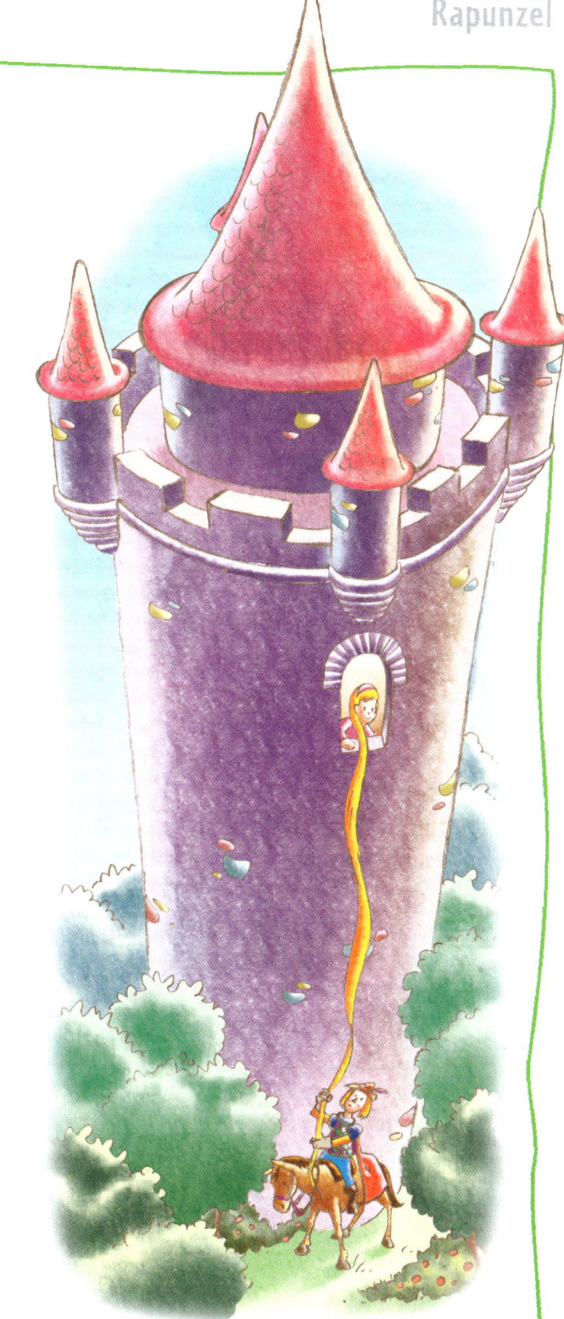

Er erzählte ihr, dass ihr Gesang sein Herz so sehr bewegt hatte. „Ich werde nicht eher ruhen", sagte er dann, „als bis du einwilligst, meine Frau zu werden." Rapunzel hatte sich in den hübschen Prinzen verliebt und war schnell einverstanden. „Aber erst muss ich fliehen. Bring mir jedes Mal, wenn du

kommst, einen Strang Seide. Daraus flechte ich eine Leiter. Wenn die fertig ist, werde ich hinabsteigen." Nun kam der Prinz alle Abende zu ihr, und bei Tag kam die Alte. Die Hexe merkte auch nichts, bis Rapunzel eines Tages zu ihr sagte: „Du bist so viel schwerer als der Prinz ..." Sie hatte diese Worte kaum ausgesprochen, da wusste sie, dass sie in Schwierigkeiten war. „Du böses Mädchen!", kreischte die Hexe. Sie schnitt Rapunzels langes Haar ab. Und sie war so unbarmherzig, dass sie die arme Rapunzel in eine Wüstenei hexte, wo sie in großem Elend leben musste. Als der Prinz am Abend kam, hielt die Hexe die abgeschnittenen Zöpfe fest, und als der Königssohn rief: „Rapunzel, Rapunzel, lass mir dein Haar herunter!", ließ sie die Haare hinab. Der Königssohn stieg hinauf. „Ahhh!", schrie er, als er die Hexe sah. „Ha!", kreischte die Hexe. „Für dich ist Rapunzel verloren, du wirst sie nie wieder erblicken!" Dann ließ sie die herrlichen Locken los, und der Prinz stürzte hinunter. Er fiel in Rosenbüsche, die ihm die Augen zerstachen.

In den folgenden Jahren suchte der blinde Prinz überall nach seiner Liebsten. Eines Tages hörte er eine Stimme, die ihm bekannt vorkam. Da ging er hin, und wie er herankam, erkannte ihn Rapunzel und fiel ihm um den Hals und weinte. Zwei ihrer Tränen aber benetzten seine Augen, und er konnte wieder sehen wie früher. Der Prinz führte sie in sein Reich, wo sie heirateten und noch lange glücklich und vergnügt lebten.

Patricks Monster

Patrick war aufgeregt. Er wollte bei seinem Freund Lukas übernachten. Er hatte noch nie woanders geschlafen und freute sich schon darauf. Patrick und Lukas spielten den ganzen Nachmittag draußen. Nach dem Abendessen plantschten sie stundenlang in der Badewanne. Und als sie ins Bett gingen, war Patrick richtig müde. Aber Lukas noch nicht.

„Wir müssen erst unter unseren Betten nachsehen", erklärte er Patrick.
„Warum?", fragte Patrick erstaunt. „Falls Monster drunter sind", sagte
Lukas. „Monster wohnen nämlich unter Betten!" Lukas sah sehr besorgt
aus, deshalb machte sich Patrick auch Sorgen. „Meine Mama sagt, es gibt
keine Monster", versuchte er ihn zu beruhigen. Aber sicher war er sich nicht.
„Das sagt meine Mama auch", entgegnete Lukas. „Aber was wissen
Erwachsene schon! Wir müssen nachsehen!" Patrick und Lukas schauten

sehr genau unter beiden Betten nach. Unter Patricks Bett waren nur
einige Staubbällchen und unter Lukas' Bett zwei Legosteine. „Gut", sagte
Lukas. „Alles sicher. Wir können jetzt schlafen." Aber Patrick war immer
noch beunruhigt, und er brauchte lange, bis er einschlafen konnte.
Am nächsten Morgen machten ihm die Monster schon keine Angst mehr.
Und als ihn seine Mama mittags abholte, hatte er schon vergessen,

was Lukas gesagt hatte. Aber nachdem ihn seine Mama abends ins Bett gebracht und seine Lieblingsgutenachtgeschichte vorgelesen hatte, fielen sie ihm wieder ein. Und Patrick hatte wieder ein bisschen Angst. Was, wenn wirklich ein Monster unter seinem Bett war? Patrick konnte nicht einschlafen. Er musste unterm Bett nachsehen, ob auch keine Monster da waren. Sehr langsam und ganz leise kam er unter der Bettdecke hervor und kletterte aus dem Bett. Er hielt den Atem an, beugte sich hinunter, sah unters Bett und starrte in ... zwei GROSSE Augen!

Patrick sprang vor Schreck zurück. Dann guckte er noch mal unters

Bett, um sich zu vergewissern, dass er nicht geträumt hatte. Kein Zweifel, zwei große Augen sahen ihn an. Aber die Augen flößten keine Furcht ein. Sie waren lieb und freundlich, und als Patrick genauer hinsah, erkannte er, dass sie zu einem Gesicht gehörten – zu einem Monstergesicht. Das Monstergesicht war wuschelig und lieb, und es lächelte ihn an. „Hallo", flüsterte Patrick. „Hallo." „Wer bist du denn?", fragte Patrick. „Ich heiße Marvin", sagte das Monster. „Ich wohne unter deinem Bett." „Ich bin Patrick", sagte Patrick. „Ich weiß", sagte Marvin. „Ich hab schon lange darauf gewartet, dass du mich entdeckst. Ich hatte die Hoffnung schon aufgegeben!" „Willst du nicht mal unterm Bett hervorkommen?" „Ich dachte schon, du fragst mich das nie!", sagte Marvin glücklich und zwängte sich unter dem Bett hervor.

Patrick sah jetzt, dass Marvin am ganzen Körper dick und rund und wuschelig war. Und er war lila! Lila war Patricks Lieblingsfarbe! „Wie lange bist du denn schon unter meinem Bett?", fragte er. „Tage und Tage und Tage!", sagte Marvin. „Es war sehr einsam. Und zum Fürchten!" Patrick fand es lustig, dass sich ein Monster fürchtete. „Wovor hast du dich denn gefürchtet?", fragte er. „Ich hatte Angst, dass du mich nie finden würdest und ich immer allein sein müsste", sagte Marvin. „Auch Monster brauchen Freunde, weißt du!"

Patrick und Marvin spielten mit Patricks Autos auf dem Teppich. Dann brachte Marvin Patrick einen Monstertanz bei: Sie stampften und krochen fröhlich durchs Zimmer und hatten dabei so viel Spaß, dass sie nicht hörten, wie Patricks Mama die Treppe hochkam. „Was geht denn hier vor?", fragte sie. „Ich spiele mit meinem ... eh ... neuen Freund", antwortete Patrick. Er sah zu Marvin hinunter. Der lag mucksmäuschenstill wie ein Hausschuh zu seinen Füßen. „Wie hübsch!", sagte seine Mama. „Aber jetzt ist Zeit fürs Bett!" Und sie steckte Patrick zusammen mit Marvin ins Bett. „Gute Nacht, Schatz." „Nacht, Mama", sagte Patrick. „Gute Nacht, Marvin", sagte er, als Mama gegangen war. „Gute Nacht", flüsterte Marvin. „Danke, dass du mich unterm Bett hervorgeholt hast. Du hast mich gerettet."„Danke, dass du mein Freund bist", sagte Patrick. Und er wusste, dass er nie wieder Angst vor Monstern haben würde.

Mädchen und Jungen, kommt alle heraus

Mädchen und Jungen, kommt alle heraus,
im Mondlicht sieht's wie am hellen Tag aus,
lasst euer Essen, und sei es auch viel,
und kommt mit Freunden hinaus zum Spiel.

Kommt mit Rufen und kommt mit Geschrei,
kommt mit Gelächter nur alle herbei,
Die Leiter hoch und die Mauer herab,
ein halbes Brot macht uns alle satt.
Du holst die Milch, ich hole den Grieß,
dann essen wir Brei wie im Paradies!

Gänschen, Gänschen, Gänserich

Gänschen, Gänschen, Gänserich,
wohin soll ich wenden mich? –
Die Treppe auf und wieder ab,
so sprach der Vogel wunderlich.
Ich traf mal einen alten Mann
in meiner Herrin Zimmer,
den packte ich am Bein geschwind,
nun kommt zurück er nimmer.